做一名守法、
冷静的汽车驾驶员

道路交通事故
典型案例评析

陈晓安　编

人民交通出版社股份有限公司
北京

内容提要

本书深入剖析了客货运车辆道路交通事故典型案例的原因，针对案例中驾驶员的行为，解析了驾驶员的行为错在哪里、为什么错、什么是正确的操作等问题，阐释了“做一名守法、冷静的汽车驾驶员”的行为理念。

本书可供道路运输驾驶员阅读，也可供交通安全监管人员以及其他相关人员参考。

图书在版编目（CIP）数据

道路交通事故典型案例评析 / 陈晓安编 . — 北京：人民交通出版社股份有限公司，2020.5

ISBN 978-7-114-16468-2

Ⅰ . ①道… Ⅱ . ①陈… Ⅲ . ①公路运输—交通运输事故—案例—中国 Ⅳ . ① D922.145

中国版本图书馆 CIP 数据核字（2020）第 062001 号

Daolu Jiaotong Shigu Dianxing Anli Pingxi

书　　名：道路交通事故典型案例评析
著 作 者：陈晓安
责任编辑：屈闻聪　刘　洋　薛　亮
责任校对：席少楠
责任印制：张　凯
出版发行：人民交通出版社股份有限公司
地　　址：（100011）北京市朝阳区安定门外外馆斜街3号
网　　址：http://www.ccpcl.com.cn
销售电话：（010）59757973
总 经 销：人民交通出版社股份有限公司发行部
经　　销：各地新华书店
印　　刷：北京建宏印刷有限公司
开　　本：880×1230　1/32
印　　张：2
字　　数：65千
版　　次：2020年5月　第 1 版
印　　次：2023年6月　第 2 次印刷
书　　号：ISBN 978-7-114-16468-2
定　　价：15.00元

前　言

在每一起道路交通事故的背后，人民群众都付出了生命消失、财产损毁的沉痛代价，冷冰冰的数字替换了鲜活的生命。痛定思痛，我们要怎样做才可以避免悲剧的重演?

本书通过对道路交通事故典型案例的深入评析，重点针对案例中驾驶员行为进行探讨，解析了驾驶员的行为错在哪里、为什么错、什么是正确的操作等问题，阐释了“做一个守法冷静的驾驶员”的行为理念。

本书是专门针对道路运输驾驶员的专业读本，从事道路交通安全的监管人员以及其他相关人员也可以阅读参考。

由于作者水平有限，本书难免有不足之处，恳请广大读者批评指正。

作　者

2020 年 3 月 4 日

目录

案例一

一时冲动付出惨重代价

事故发生当天上午10：08：51，一辆行驶在桥面的公交车突然向左转向，与对向车道一辆轿车碰撞后，撞断桥梁护栏坠入江中，造成全车15人（含1名驾驶员）死亡的重大道路交通事故。图1-1显示了坠江公交车被打捞出水时的场面。

图1-1　坠江公交车被打捞出水

一 事故基本情况

1 驾驶员

公交车驾驶员持有有效驾驶证。对驾驶员事发前几日生活轨迹的调查显示，其行为无异常。事发前一晚，驾驶员与父母一起用晚餐，未饮酒，21时许回到自己房间，精神状态正常。

2 车辆

车辆打捞上岸后，经当地交通司法鉴定机构鉴定，车辆无技术故障。

3 道路

城市桥梁。

4 环境

天气、路况均良好。

二 事故经过

公安机关对公交车行进路线上的36个站点进行全面排查。事发前两站下车的4名乘客均证实，当时车内有一名中等身材、着浅蓝色牛仔衣的女乘客，因错过下车地点与驾驶员发生争吵。公安机关综合前期调查走访情况，与提取到的车辆内部视频监控相互印证，还原事发当时情况如下。

9：35：00左右，女乘客上车，在公交车行驶途中，女乘客发现已驶过自己的目的地站，要求下车，但该处无公交车站，驾驶员未停车。

10：03：32，女乘客从座位起身走到驾驶员的右后侧，靠在旁边的扶手立柱上指责驾驶员，驾驶员多次转头与女乘客说话、争吵，双方争执逐步升级，并相互有攻击性语言。

10：08：49，当公交车行驶至大桥上距南桥头348m处时，女乘客右手持手机击向驾驶员头部右侧。

10：08：50，驾驶员右手放开转向盘还击，侧身挥拳击中女乘客颈部。随后，女乘客再次用手机击打驾驶员肩部，驾驶员用右手格挡并抓住女乘客右上臂。

10：08：51，驾驶员收回右手并用右手往左侧急转转向盘（车速为51km/h），导致公交车失控向左偏离越过桥面中心实线，与对向正常行驶的红色轿车（车速为58km/h）相撞后，冲断桥面护栏坠入江中（图1-2）。

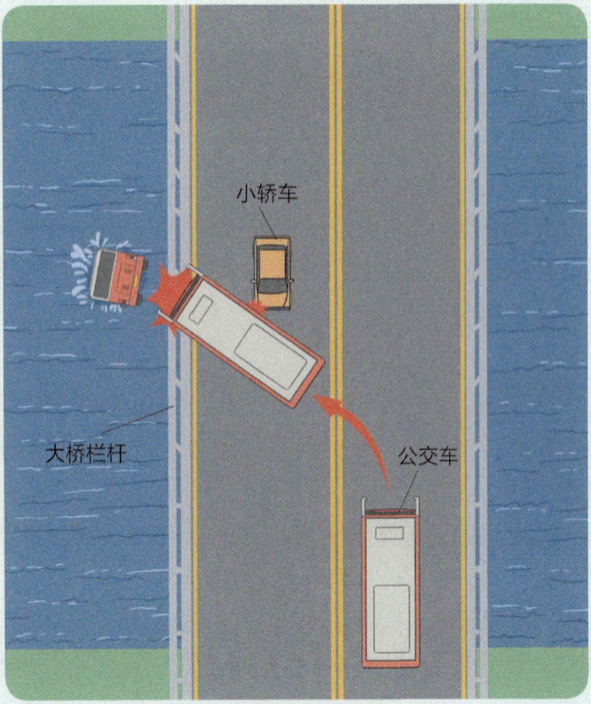

图1-2　事故经过示意图

三　事故原因

女乘客在乘坐公交车的过程中，与正在驾驶公交车的驾驶员发生争吵，两次持手机攻击公交车驾驶员，是严重危害公交车行驶安全的行为。

公交车驾驶员在驾驶公交车时与女乘客发生争吵，遭到女乘客攻击后，应当认识到还击及抓扯行为会严重危害车辆行驶安全，但未采取有效措施确保行车安全，反而将右手放开转向盘还击，后又用右手格挡女乘客的攻击，并抓女乘客的手臂，其行为严重违反公交车驾驶人职业规定。

女乘客和公交车驾驶员之间的互殴行为，造成车辆失控，致使车辆与对向正常行驶的轿车撞击后坠江，造成重大人员伤亡。因此，女乘客和公交车驾驶员的互殴行为与交通事故后果具有刑法意义上的因果关系，两人的行为严重危害公共安全，已触犯《中华人民共和国刑法》第115条的规定，涉嫌犯罪。

四 驾驶员行为探讨

我们不禁唏嘘，1人坐过站，2人起争执，15条生命瞬间消逝，再多的赔偿都不足以抚平逝者家属的伤痛。这惨痛的代价给了我们很重要的警示：爱惜自己和他人的生命，遇事要冷静、再冷静！

事件发生后，全社会一片哗然，舆论纷纷指责女乘客攻击公交车驾驶员的行为。显然，女乘客的行为已经构成以危险方法危害公共安全罪，必然受到法律的惩罚。然而，惩罚女乘客的违法行为并不能抵消公交车驾驶员的错误。对于全车的乘客而言，公交车驾驶员有义务和责任将他们安全地送到目的地。

对于驾驶员而言，女乘客辱骂、袭击驾驶员的行为究竟是属于哪种意外情况？公交车驾驶员应该怎样正确地处置各种意外情况？

1 驾驶员可能遇到的意外情况

我们知道，对于正常驾驶机动车的驾驶员来说，整个驾驶过程就是一个不断发现意外情况和处置意外情况的过程。这些意外情况来源于三个方面。

（1）车外的意外情况，包括机动车、非机动车、驾驶人和行人的意外行为，复杂路段、学校路段、临崖路段、临水路段、急弯陡坡等特殊路段，以及风、雪、雨、雾等特殊天气。这些意外情况普遍存在，是一种常态。

（2）车内的意外情况，包括乘客之间的争吵斗殴、乘客醉酒、乘客突发疾病、乘客辱骂或袭击驾驶员、车内起火燃烧等。这些意外情况出现的概率比较低，本案例中出现的便是乘客辱骂、袭击驾驶员的情况。

（3）驾驶员自身的意外，包括身体健康状况不佳，服用药物造成生理或精神异常，家庭矛盾、亲朋好友过世等情况导致心理状态异常，睡眠不足、过于疲劳等。有些意外情况很少出现，有些情况则很常见。

2 驾驶员应采取的正确行动

本案例中女乘客辱骂袭击公交车驾驶员的行为本质上就是一种车内的意外情况。公交车驾驶员处置这些意外情况的最高原则应是“乘客生命安全第一”。本案例中的驾驶员在面对女乘客的辱骂和袭击时放弃了这一原则，一时冲动不仅害了自己，也断送了全车乘客的生命。

本案例中公交车驾驶员在被女乘客辱骂袭击时正确的措施应该是紧急制动靠边安全停车，哪怕由于紧急制动导致后车追尾、车内乘客受伤。

从10：03：32到10：08：50，这中间有超过5min的时间，驾驶员多次转头与女乘客说话、争吵，双方争执逐步升级，并相互有攻击性语言。不得不说，在这段时间里，公交车驾驶员已经情绪失控，其行为已经严重威胁行车安全，也为后面爆发的肢体冲突添了“柴”、加了“油”，缺乏一个职业驾驶员应有的职业道德和操守，违反了《中华人民共和国道路交通安全法》（以下简称《道路交通安全法》）第22条的规定：机动车驾驶人应当遵守道路交通安全法律、法规的规定，按照操作规范安全驾驶、文明驾驶。

公交车不是争执、打架的地方。保证全车乘客的安全是驾驶员最基础也是最重要的职责，保持冷静并停车、报警，让公安机关处理那些胡搅蛮缠的乘客，是驾驶员遇到这类意外情况时最好的选择。

案例二

漫不经心惹下惊天大祸

某高速公路隧道内，两辆运输甲醇的罐式半挂汽车列车（以下简称“罐车”）追尾相撞，前车甲醇泄漏起火燃烧，隧道内滞留的另外两辆危险化学品运输车和31辆煤炭运输车等被引燃引爆，造成40人死亡、12人受伤、42辆车烧毁、直接经济损失8197万元的特别重大道路交通事故（图2-1）。

图 2-1　隧道里面发生燃爆

一　事故基本情况

1 危险货物运输驾驶员、押运员

前车、后车的驾驶员、押运员均持有有效的驾驶证和危险货物道路运输从业资格证。

2 车辆

前车（被追尾车）为罐车，由半挂牵引车和罐式半挂车组成。最大设计总质量40t，核定载质量32t，实际装载29.66t甲醇（危险货物编号UN1230）。

后车（追尾车）为罐车，由半挂牵引车和罐式半挂车组成，最大设计总质量39.8t，核定载质量30.6t，实际装载29.14t甲醇（危险货物编号UN1230）。

3 道路

事故发生在高速公路隧道内，该隧道为左右分离式，事发隧道（右洞）长786.875m，隧道进口段位于直线上，出口段位于半径为835m的平曲线上，隧道纵坡为2.2%。隧道建筑限界为净宽9.75m，限高5m，隧道内轮廓采用半径为5.29m的单心圆曲墙式断面。隧道围岩属二、三、四类，采用复合式衬砌，路面铺装为4cm加6cm改性沥青混凝土。

4 环境

雪后天晴，能见度良好。

事故发生前一天，高速公路全线因降雪相继封闭，事故当天7:10，解除交通管制措施。11:00起，事故路段车流量逐渐增加，12:45开始出现通行缓慢的情况，13:00持续出现运煤车辆在右侧车道和应急车道排队等候通行的情况，事发时隧道右侧车道排队等候，左侧车道行驶缓慢。

二 事故经过

1 追尾碰撞

14:43左右，前车装载29.66t甲醇在高速公路由北向南行驶至隧道右洞入口以北约100m处时，发现右侧车道上有运煤车辆排队等候，遂从右侧车道变道至左侧车道进入隧道，行驶超过40m后，停在一辆轻型厢式货车后。

14:45左右，后车装载29.14t甲醇在高速公路由北向南行驶至隧道右洞入口以北约100m处时，看到右侧车道上有运煤车辆排队缓慢通行，但左侧车道上至隧道口前没有车辆，便从右侧车道变至左侧车道。以约20km/h的速度驶入隧道后，突然发现前车停在前方5~6m处。后车驾驶员虽采取紧急制动措施，但仍与前车追尾。后车前部撞上前车尾部，造成前车尾部的防撞设施及卸料管断裂、甲醇泄漏，后车前部损坏。

2 隧道内车辆燃烧爆炸

两车追尾碰撞后，前车押运员从右侧车门下车，由车前部绕到车身左侧尾部观察，发现甲醇泄漏。为关闭主卸料管根部的球阀，前车押运员要求前车驾驶员向前移动车辆。该车向前移动1.18m后停住，前车驾驶员下车走到前车车身左侧罐体中部时，前车押运员发现地面泄漏的甲醇已起火燃烧。

甲醇形成流淌火，迅速引燃了两辆事故车辆（后车罐体没有泄漏燃烧）和附近的4辆运煤车、货车及微型客车，受事发时的气象和地势影响，隧道内气流由北向南流动，且隧道南高北低，高差达17.3m，形成“烟囱效应”，甲醇和车辆燃烧产生的高温有毒烟气迅速向隧道内南出口蔓延。经专家分析计算，第一起火点着火后，8min后烟气即充满整个隧道；起火后10min，距离第一起火点184m的5辆运煤车起火燃烧，形成第二起火点；随后距离第二起火点40m的其他车辆也开始燃烧。当时隧道内共有87人，部分人员在发现烟火后驾车或弃车逃生，47人成功逃出。事故导致滞留隧道内的42辆车辆全部烧毁，隧道受损严重。

三 事故原因

（1）两车追尾的原因：后车在进入隧道后，驾驶员未及时发现停在前方的危险货物运输罐车，距前车仅5~6m时才采取制动措施。

（2）车辆起火燃烧的原因：追尾造成前车的罐体下方主卸

料管与罐体焊缝处撕裂，该罐体未按标准规定安装紧急切断阀，造成甲醇泄漏；后车发动机舱内高压油泵向后位移，起动机正极多股铜芯线绝缘层破损，导线与输油泵输油管头空心螺栓之间发生电器短路，引燃该导线绝缘层及周围可燃物，进而引燃泄漏的甲醇。

（3）驾驶员和押运员习惯性违章操作，让罐体底部卸料管根部球阀长期处于开启状态。

四 驾驶员行为探讨

1 驾驶员分心驾驶

调查认定，后车距离前车只有5~6m的时候才突然发现前车挡道。后车从右侧道路变道到左侧道路，直至突然发现前车这段距离至少有135m，按照20km/h的速度，至少要27s的时间。也就是说后车有135m的空间和27s的时间可以发现前车并采取制动措施避免追尾碰撞（图2-2）。但是，追尾碰撞却发生了，那么，这段时间后车的驾驶员和押运员在做什么？他们很可能没有集中注意力。

根据大量事故案例分析，驾驶员没有集中注意力主要有以下四种情况。

（1）过度疲劳驾驶。驾驶员前一天的晚上没有足够的睡眠时间、服用感冒类药物，或有连续数天长时间驾驶累积的疲劳，这些都有可能导致过度疲劳，从而对前车“视而不见”。因此，《道路交通安全法》第22条规定：机动车驾驶人应当遵守道路交通安全法律、法规的规定，按照操作规范安全驾驶、文明驾驶；饮酒、服用国家管制的精神药品或者麻醉药品，或者患有妨碍安全驾驶机动车的疾病，或者过度疲劳影响安全驾驶的，不得驾驶机动车。

（2）驾驶时使用手机。驾驶员在驾驶过程中接打电话、收发短信、查看朋友圈等，这些行为会导致驾驶员忽视对前方的观察，极易导致事故的发生。《中华人民共和国道路交通安全法实施条例》（以下简称《道路交通安全法实施条例》）第62条规定：驾驶机动车不得有下列行为：拨打接听手持电话、观看电视等妨碍安全驾驶的行为。国内的研究表明，开车时打手机发生事故的概率是正常状态下的2.8倍；开车时看手机发生事故的概率是正常状态下的23倍。看一眼手机通常需要3s，如果是60km/h的车速，看一眼手机就会“盲开”出约50m（车速80km/h，开出66m；车速100km/h，开出83m；车速120km/h，开出99m）。收发短信时，视线停留在手机屏幕上的时间为5s，同样的时速下，汽车就可能“盲驶”过一个足球场。英国的一项研究表明，驾车时用手机打电话，大脑的反应速度比酒后驾车还要慢30%，发生车祸的风险比正常驾驶时高4倍以上，有70%的致命事故是驾驶员注意力不集中造成的。

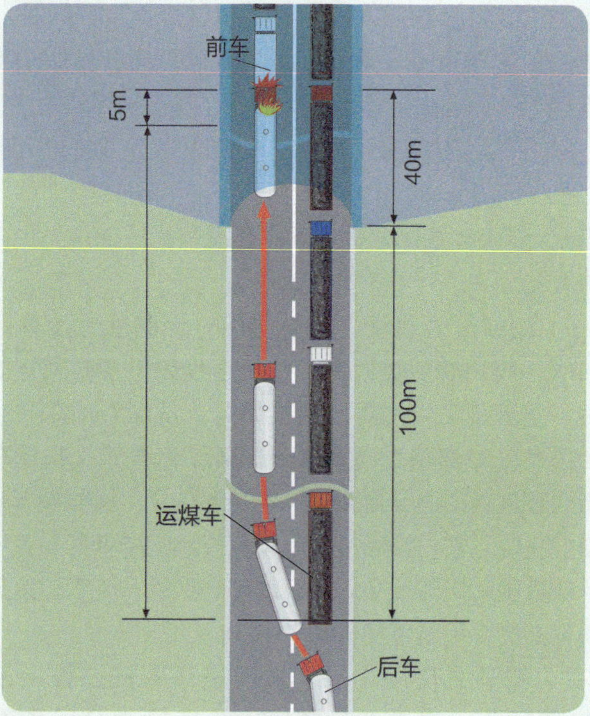

图 2-2　追尾碰撞事故示意图

（3）胡思乱想。驾驶员在行驶过程中，思想不在驾驶上，不自觉地胡思乱想，可能导致事故发生。

（4）与其他人聊天。驾驶员在驾驶过程中与其他人聊天，分散了驾驶注意力，可能引发事故。

以上四种原因都可能让驾驶员在驾驶时做出无意识的错误动作，也可能使驾驶员遇到突发情况时在条件反射下做出错误动作或者根本就没有反应的时间，瞬间酿成大祸。

2 驾驶员操作错误

追尾事故发生后，甲醇泄漏，为关闭主卸料管根部球阀，前车驾驶员向前移动车辆使两车强行分离。由于两车已经碰撞绞合在一起，强行分离必然导致金属摩擦，进而产生火花，一个危险货物运输车辆驾驶员应该知道这是一个非常危险的举动。但是，前车的驾驶员在这个关键时刻没有冷静思考，轻易地做出了这样致命的错误操作，将一起一般的追尾事故变成了剧烈燃爆的惊天大祸。

甲醇的闪点是11℃，在空气中爆炸极限是含量6%~36%，最小点火能量是36mJ（把1个鸡蛋垂直提高1m所做的功约为1J，1J=1000mJ）。

正确的做法是：立即报警，不要将两车强行分离，要求周围所有车辆熄火，消除所有火源点。同时在专业消防人员来到之前，用周边所有车上的干粉、二氧化碳灭火器或沙土覆盖泄漏出的甲醇。

五 相关人员行为探讨

本案例中被撞危险货物运输车所在的企业，在不到2年前，发生过一起类似的重特大交通事故，一辆装载甲醇的重型半挂车被一辆大型客车追尾，导致甲醇泄漏，引起燃爆，死亡36人，当时甲醇泄漏的原因也是罐体底部卸料管根部球阀处于开启状态。该企业管理者和驾驶员、押运员没有吸取事故的教训，相关车辆罐体底部卸料管根部球阀仍然长期处于开启状态，导致车辆“一碰就漏，一漏就爆，一爆就造成重特大事故”。

为了规范罐式车辆罐体、可移动罐柜、罐箱的关闭装置的管理，2020年1月1日实施的《危险货物道路运输安全管理办法》（交通运输部令2019年第29号）对于装货人、驾驶人都做了非常明确的规定，严格管控这一重大风险源。

第30条规定：危险货物交付运输时，装货人应当确保危险货物运输车辆按照《道路运输危险货物车辆标志》（GB 13392—2005）要求安装、悬挂标志，确保包装容器没有损坏或者泄漏，罐式车辆罐体、可移动罐柜、罐箱的关闭装置处于关闭状态。

第47条规定：驾驶人应当确保罐式车辆罐体、可移动罐柜、罐箱的关闭装置在运输过程中处于关闭状态。

案例三

过度疲劳驾驶导致的悲剧

事故发生当天5：54，某旅游客运有限公司的1名驾驶员驾驶大型客车按照公司的包车派单计划，搭载57人（其中包括驾驶人1名、旅游团领队1名和游客55名），前往景区开展漂流活动。当大型客车行驶至事故路段时突然失控，先后与道路中央护栏发生一次剐蹭和三次碰撞，最后大型客车发生燃烧。事故现场如图3-1所示。

事故造成35人死亡、13人受伤、车辆烧毁、高速公路路面及护栏受损、直接经济损失2290余万元，属于特别重大道路交通事故。

图 3-1　事故现场图

一 事故基本情况

1 驾驶员

事故大型客车驾驶员持有有效的驾驶证，准驾车型为A1、A2。驾驶员驾驶证申领符合相关规定，驾驶证状态正常。

2 车辆

事故大客车持有有效的行驶证、道路运输证，车辆投保了机动车交通事故责任强制保险和每个座位最高保额50万元的道路客运承运人责任险。该车注册登记时，车辆技术指标和安全设施、安全状况均符合国家相关标准的规定要求。该车核定载客55人，超员2人。

3 道路

事故路段为某高速公路33km+856m至34km+106m区间，道路为双向4车道，行车道宽3.75m，两侧设有应急车道，应急车道宽3.25m。事故路段道路线形为直线下坡，纵坡0.5%，横坡2%。

事故路段33km+856m至33km+956m为沥青路面，路侧设置有波形梁护栏；中央设置有混凝土护栏，其中33km+865m至33km+905m为可移动式活动护栏（以下简称“活动护栏”），33km+939m处有4块可移动式混凝土护墩（以下简称“混凝土护墩”）。33km+956m至34km+106m为大桥，水泥路面，中央分隔带与路侧均设置有混凝土护栏。

高速公路全线施划了车行道边缘线、分界线等标线，设置了限速、线形诱导、避险车道提示等标志。其中，在31km处设置有小型车辆限速100km/h、其他车辆限速80km/h的禁令标志，在32km处设置有“连续下坡路段”警告标志和道路线形诱导标志，在33km处设置有避险车道，在33km+200m处设置有减速标线。

事故路段中央分隔带设置的活动护栏与混凝土护栏形成了完

整平滑的线性过渡，事故路段的技术指标、安全防护设施、标志标线均符合国家相关标准的规定要求。

4 环境

事故发生当天的9：00至11：00，事发路段所在地最高气温30.9℃，最低气温25.9℃，平均气温28.9℃，天气晴朗，无降水、雷电，能见度良好。事故路段没有其他车辆通行。

二 事故经过

事故当天5：54，驾驶员驾驶事故大客车按照公司的包车派单计划，共载57人前往景区。10：19，当车辆行驶至事故路段33km+856m处时失控，先后与道路中央护栏发生1次剐蹭和3次碰撞（图3-2）。

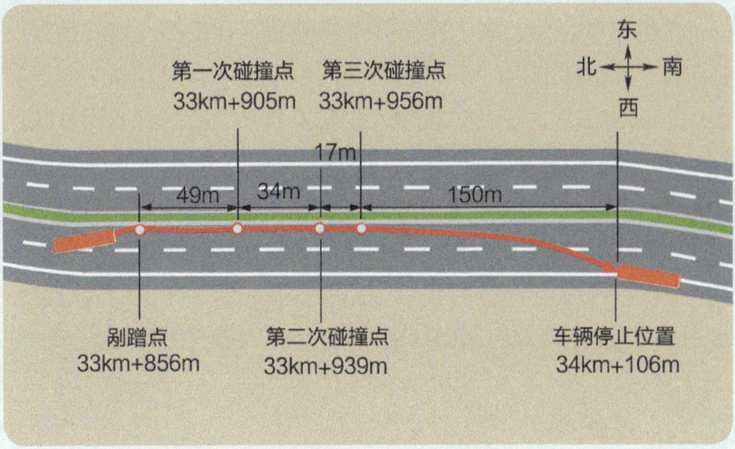

图3-2 事故经过示意图

剐蹭：发生在33km+856m处，此时驾驶员未采取任何措施，车辆与道路中央的水泥混凝土墙式护栏（以下简称混凝土护栏）剐蹭后继续前行。

第一次碰撞：发生在33km+905m处。车辆发生碰撞前，车身左侧先刮擦道路中央的活动护栏，护栏的损坏长度为5.2m，损坏部分被撞至对向快车道，车身左前部侵入中央分隔带。之后，车身左前部与连接活动护栏的混凝土护栏端头发生碰撞，造成车辆左前角被混凝土护栏割裂，左前轮爆胎，左前轮向后移位、右前轮向前移位，左油箱受左前轮挤压变形破损开始少量漏油。此时驾驶员向右转动转向盘，但无法有效控制车辆，车辆继续紧靠中央护栏沿道路向前行驶。

第二次碰撞：发生在33km+939m处，车身左前部与道路中央的混凝土护墩碰撞，左油箱因被碰撞、挤压而破裂，开始大量漏油。

第三次碰撞：发生在33km+956m处，车身左前部再次与道路中央的混凝土护墩碰撞。

在第三次碰撞后，大客车冲上大桥桥面继续向前行驶150m，在大客车在大桥上行驶过程中，驾驶员采取了制动措施，车辆逐渐减速并向右前方变线，在车辆右前角接近大桥路侧混凝土护栏时停止，并于10:20左右起火燃烧。

大客车停止后，车上乘客要求驾驶员打开车门，驾驶员尝试打开车门但没有成功，向乘客答复门打不开了，随即从左侧驾驶员窗口逃出车外。在此过程中，坐在副驾驶位置的旅游团领队用灭火器砸前风窗玻璃欲破窗逃生但未砸破，也从驾驶员窗口逃出。车前排座位乘客拥挤至驾驶员位置，争抢着从驾驶员窗口逃生，共有15人逃出。此时，路过事故路段附近的一辆公路养护车和一辆运钞车先后赶来救援，公路养护车和运钞车上的人员将事故车辆右后部2块车窗玻璃打破，先后有7人被救出并生还。

三 事故原因

1 调查结果

调查认定，大客车驾驶员过度疲劳驾驶是导致车辆剐蹭碰撞的主要原因。具体表现在以下3个方面。

（1）驾驶员休息时间不足。《道路交通安全法》第22条第2款规定：饮酒、服用国家管制的精神药品或者麻醉药品，或者患有妨碍安全驾驶机动车的疾病，或者过度疲劳影响安全驾驶的，不得驾驶机动车。

据调查了解，驾驶员于事故发生前3天运送另一个旅游团，至事故发生前1天的23：00左右才返回家中，累计行驶超过1000km。在此期间，驾驶员连续3天于早晨7：00前带团出发，期间除长时间驾驶车辆外，还陪同游客到景区游玩，同时每天晚上均在凌晨0：00以后睡觉，身体没有得到充分休息。

事故发生前1天，驾驶员23：00左右回家后，又用手机浏览新闻、观看视频，直至事故发生当天凌晨1：00左右才休息。

事故发生当天5：20，驾驶员被闹钟叫醒，但自己感觉没有睡醒，便将闹钟关掉后继续睡觉，直到5：48接到一名乘客询问乘车情况的电话后才起床，当晚实际共休息约4h20min，睡眠严重不足。驾驶员当天睡眠不足加上此前已连续多日未充分休息累积的疲劳，造成过度疲劳影响安全驾驶的重大隐患。

（2）驾驶人精神状态符合过度疲劳驾驶的情形。多名生还乘客证实：事故发生当天7：10左右在等候时，驾驶员正趴在转向盘上睡觉，直到8时许发车时驾驶员才睡醒；驾驶过程中，驾驶员出现打哈欠等精神不振的表现；在途中有乘客提出要去高速公路服务区休息后，驾驶员将收费站出口匝道误以为是服务区入口而走错路。驾驶员自己也交代，自己驾驶车辆进入车流量相对较少的高速公路后，由于车流量较少，开始精神不集中，有采取左右大幅转动头颈、缓解颈部疲劳等动作，此后不知什么时候眼睛眯起来睡了过去，发生碰撞后才醒过来。

（3）事故现场的痕迹证实这是一起疲劳驾驶造成的事故。根据现场勘查情况判断，该车最初与道路中央的活动护栏剐蹭后的一段时间内，驾驶员未采取任何安全措施，导致车辆继续前行49m并与中央护栏发生严重碰撞，这表明在此期间驾驶员处于过度疲劳无意识状态。

2 车上乘客不能及时疏散的原因

（1）车门受路侧护栏阻挡无法打开。经检测，事故车辆车门技术状况良好，在事故中已经开启并处于外摆状态。但是，车门正常打开时最大外摆距离为35cm，由于车辆最终停止时右前角紧挨路侧混凝土护栏，车门在外摆6cm后即被护栏顶住，展开受阻，致使车门无法有效打开。

（2）安全锤放置不符合规定，影响乘客破窗逃生。经对事故车辆内遗留物进行清理，共发现5把安全锤，其中有4把被放置在驾驶人座位左下侧储物箱内，放置位置不符合“安全窗应采用易于迅速从车内、外开启的装置；或采用安全玻璃，并在车内明显部位装备击碎玻璃的手锤”的要求，致使乘客无法破窗逃生。

四 驾驶员行为探讨

1 驾驶员过度疲劳驾驶

本案例中驾驶员的疲劳现象是非常典型的过度疲劳。疲劳，一般可分为身体疲劳和精神疲劳。从疲劳恢复时间来看，可分为急性疲劳、慢性疲劳和过度疲劳。急性疲劳是由日常驾驶所引起的暂时疲劳，经过短期的休息，疲劳就会消失，正常驾驶疲劳就属于这一种；慢性疲劳是由于驾驶员长期处于疲劳状态而引起的，这种疲劳使驾驶质量下降，影响身心健康，短暂休息不能消失；过度疲劳是由多次急性疲劳和慢性疲劳积聚形成，可能突然以某种病态形式表现出来。这种过度疲劳不能用短时间的睡眠来恢复，需要经过长时间休养进行恢复。驾驶员处于过度疲劳状态时，往往会反应迟钝，甚至在驾驶中出现短时间睡眠现象，严重时会失去对车辆的控制能力。

当驾驶员开始感到困倦时，切忌继续驾驶车辆，应迅速停车，采取有效措施，适时降低疲劳程度，恢复清醒。可以用冷水刺激面部，喝一杯热茶或热咖啡，吃一些酸或辣的刺激性食物，停车到驾驶室外活动肢体，呼吸新鲜空气，收听音乐或将音响适当调大，做弯腰动作，进行深呼吸以使大脑尽快得到氧气和血液补充，用双手以适当的力度拍打头部以疏通头部经络和血管、加快人体气血循环、振奋精神等，暂时地缓解疲劳驾驶。

过度疲劳驾驶是一种违法行为，当驾驶员处于过度疲劳状态时，必须立即停止驾驶，终止违法行为。唯有足够的睡眠才是消除过度疲劳和恢复清醒最可靠、最有效的方法。

2 驾驶员参加乘客的旅游活动

本案例中有一个非常重要的细节，就是驾驶员陪同游客在景区游玩。作为旅游客车的驾驶员，其职业特点就注定了他只能“望景兴叹”，而不能“身临其境”。人们在景区游玩时，精神通常处于一种兴奋状态，这种精神上的兴奋可以掩盖身体上的疲劳，一旦结束游玩，马上倦意袭身，昏昏欲睡，因此才有了“游客下车拍照上车睡觉”的说法。如果驾驶员也和游客一同游玩，势必严重威胁行车安全，难免出事故。

3 驾驶员在3次碰撞中央护栏以后的操作

从事故经过的描述中可以看出：在大桥行驶过程中，驾驶人采取了制动措施，车辆逐渐减速并向右前方变线。这说明驾驶员在连续3次碰撞中央护栏以后采取了两个措施，一是制动，二是向右转动转向盘，这个过程中大客车驶出150m。我们从事后的结果来看，恰恰是驾驶员向右转动转向盘的行为，使大客车最终停止时右前角紧挨路侧混凝土护栏，车门在外摆6cm后即被护栏顶住，展开受阻，致使车门无法有效打开。

如果在这个过程中驾驶员意识到右前部的车门不能被挡住，使大客车最终停止时右前角与路侧混凝土护栏的距离超过35cm，车门就可以打开，乘客就可以安全逃生。这就要求驾驶员在平时就要想到一旦出现紧急情况，怎样操作才能确保逃生通道畅通，不要让车门被堵住。

4 驾驶员在大客车停下来以后的操作

大客车停下来时，驾驶员在打开车门未果的情况下，没有从自己座椅下的储物箱内拿出安全锤发给乘客、组织乘客逃生，而是不顾全车乘客的安危第一个从驾驶员窗口逃生，其行为缺乏起码的职业道德。因为先后有15人从驾驶员窗口成功逃生，有7人从车外救援者砸开的车窗成功逃生，说明可供逃生的时间是比较长的。如果驾驶员在第一时间把安全锤发给乘客，组织乘客逃生，死亡乘客的数量应该会大幅度降低。

案例四

“让道让速”得不偿失

事故发生当天19:00左右,一辆双层卧铺大客车在超越一辆城市公交车的过程中，为避让逆行的两轮摩托车，冲破大桥护栏坠下桥梁，造成14人死亡、9人受伤、直接经济损失1002.93万元的重大道路交通事故（图4-1）。

图4-1　事故大客车

一 事故基本情况

1 驾驶员

大客车驾驶员持有有效的准驾车型A1、A2的驾驶证和道路旅客运输从业资格证书，且两名驾驶员的驾驶培训、驾驶科目考试、驾驶证发证及审验情况均正常。调查人员没有发现驾驶员有酒后驾驶、吸毒后驾驶的迹象。

两轮摩托车驾驶人持有有效准驾车型E的驾驶证，没有酒后驾驶、吸毒后驾驶的迹象。

2 车辆

大客车的行驶证、运营资质、保险等齐全且均在有效期内，制动性能无异常，符合出厂时的国家标准要求，运营线路符合规定。核定载客36人，事故时实载22人（含两名驾驶员）。

两轮摩托车于2011年12月31日检验到期后未年审,未购买保险。核定载人2人，事故时实际载人1人。

3 道路

事故路段为高速公路桥梁路段，设计行车速度100km/h，路面平直，路段为坡路，坡长788m，纵坡度比2.37%，沥青路面，路面完好，桥梁高度15.45m。

4 环境

天气晴朗，桥面路灯开启，路面干燥。

二 事故经过

调查结果表明，事故当天晚上约 19:00，大客车驾驶员驾驶大客车，在桥面快速车道以约 82km/h 的速度超过同向行驶的一辆城市公交车后，遇两轮摩托车驾驶员驾驶两轮摩托车在快速车道内逆向行驶，大客车驾驶员向右猛转转向盘避让，大客车向右斜穿大桥，以约 46km/h 的速度撞毁桥梁防护栏，坠到桥下长江大堤护坡上（图 4-2）。

三 事故原因

调查认定，大客车驾驶员驾驶大客车行驶至大桥路段，在快速车道超越城市公交车后，遇两轮摩托车驾驶员驾驶两轮摩托车在快速车道内逆向行驶，大客车驾驶员在避让两轮摩托车过程中向右猛转转向盘，因操作不当，与摩托车发生轻微剐碰后，撞毁大桥路侧双层隔离护栏，坠到高度为15.45m的桥下大堤护坡上。

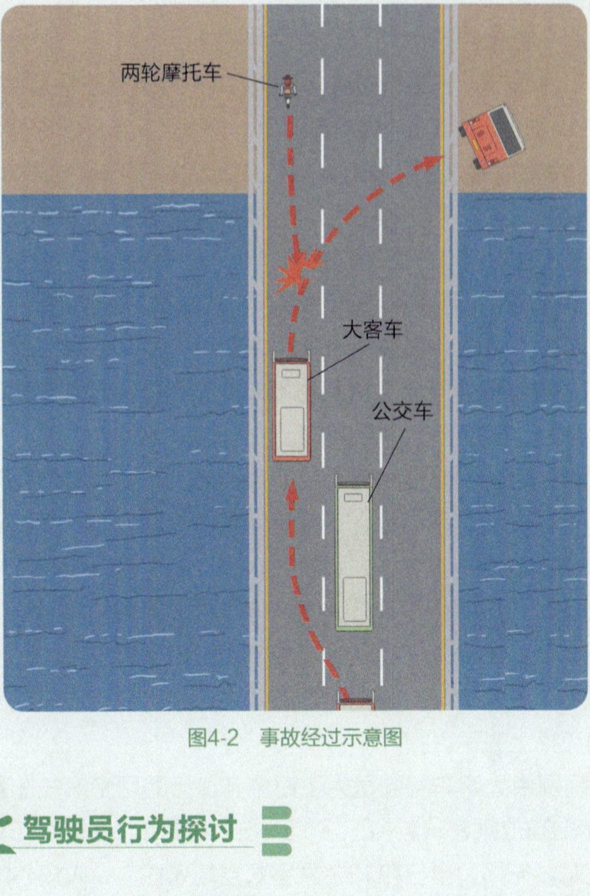

图4-2　事故经过示意图

四 驾驶员行为探讨

这是一起令人唏嘘的事故，在超车道上出现了一辆逆行的两轮摩托车，大客车驾驶员为了避免与两轮摩托车碰撞，采取的避让措施把全车人带进了危险的境地。显然，大客车驾驶员的措施是错误的。那么什么措施才是正确的?

本案例中，大客车驾驶员在超越城市公交车的过程中不存在超速的问题，其行为没有过失。那么在超车过程中，前方突然出现逆行的两轮摩托车时，应该紧急制动还是大幅度转动转向盘呢？或者两种操作都不正确？

首先，大客车的速度达到82km/h，如果在这种情况下紧急制动，很可能侧翻，严重时还会导致城市公交车因为躲闪不及而发生碰撞，因此，紧急制动是错误的。

其次，急转转向盘变道躲避这种方法更不可取。因为车速快的时候，稍微转动一下转向盘，车辆摆动的幅度就已经很大了。此时大客车驾驶员向右猛转转向盘避让，导致大客车向右斜穿大桥撞毁桥梁防护栏，坠到桥下长江大堤护坡上，是不正确的操作。

事实上，当大客车驾驶员在超车道上突遇前方两轮摩托车，距离很近来不及做出安全变道措施的时候，在临危点位不应立即变道，而应该多次轻踩制动踏板，降低车速（见图4-3中的红色箭头）。

这样操作可能会导致两轮摩托车车毁人亡。但是，对于大客车而言，这样操作既不会侧翻也不会冲下大桥，以致全车乘客出现生命危险，安全系数是最高的。

总之，在高速公路上无论是前方出现小动物、落石还是其他情况，驾驶员要记住的是，千万不能紧急制动，也不要随意变道躲避。如果速度不太快，发现及时，可以多次轻踩制动踏板，有效降低车速，能够停车最好，不能停车也能将损失降到最低。要是车速较快，小动物、落石或其他情况出现太过突然，反应时间过短，也来不及停车，最保险的方法也许就只有一边减速一边紧握转向盘撞上去了。

本案例中大客车驾驶员为了避免与逆行的两轮摩托车发生碰撞，带着22位乘客一起掉下了15.45m高的桥。尽管摩托车驾驶人几乎毫发无损，自己和13名乘客却当场死亡，令人痛心疾首！

由于“让道让速”而导致的重特大事故并非罕见。当事故已经避免不了的时候，驾驶员就应该选择“避重就轻”，而不采用常规操作方法，以避免重特大事故的发生。这就需要驾驶员在平时加强对临危处置方法的学习，要思考一旦出现临危局面应该怎么处置，只有这样才能在危急情境中保持冷静的头脑，采取冷静的措施，从而化险为夷。

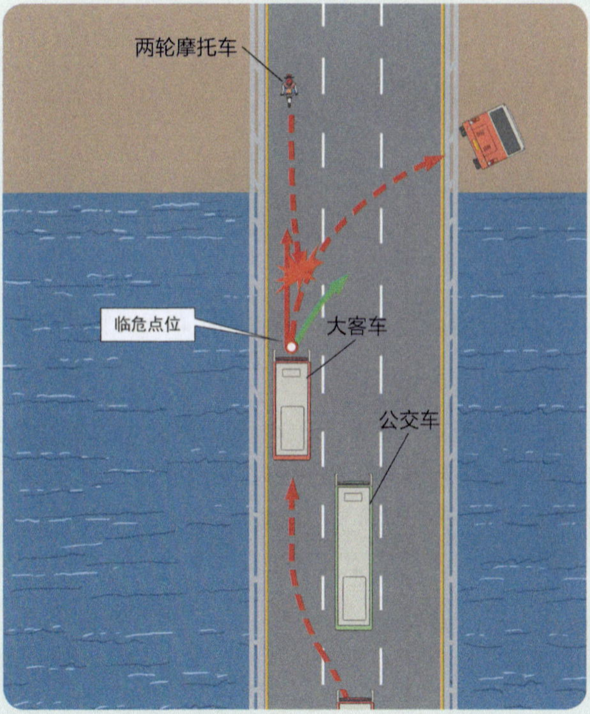

图4-3　临危处置示意图

案例五

雪夜高速公路飙车欲速不达

事故发生当天4：26至4：39，某风雪交加的高速公路大桥路段先后发生了4起连环相撞的道路交通事故，涉及8辆车（其中大客车3辆，小轿车5辆），造成16人死亡、46人受伤、直接经济损失约900余万元的重大道路交通事故。事故现场如图5-1所示。

图5-1　事故现场

一　事故基本情况

1 驾驶员

5辆事故小轿车驾驶人均持有有效的驾驶证。3辆事故大客车驾驶员均持有有效的驾驶证。

2 车辆

连环碰撞事故中的8辆车均有有效的行驶证件和相关的营运证。

3 道路

事故现场位于高速公路大桥路段，大桥全长1910m，桥高16.30m。桥面为双向4车道高速公路，沥青路面，平直无障碍。

4 环境

事故当天晚上阴天有雨夹雪或雪，局部地区有中雪，温度-2.2℃，北风3级。

事故发生当天0：00至4：44，桥面处于雨雪逐渐累积成冰的过渡状态，桥面湿滑，有薄冰，同时能见度极低。

二 事故经过

1 第一起事故

4：26，天气为雨转雨夹雪，路面湿滑，能见度极低。小轿车①的驾驶人驾驶小轿车①由东向西行驶至大桥桥面时，因操作不当，致使车辆与道路中央护栏相撞，导致车辆受损，随后斜停在道路左侧快车道上。随后，小轿车②的驾驶人驾驶小轿车②驶入此路段，发现前面的情况后，操作不当，致车辆与道路护栏剐蹭，导致车辆受损，停在道路右侧的应急车道上。事发后，小轿车①和小轿车②的驾驶人及乘车人均离开了车辆，未按规定设置警告标志。

2 第二起事故

4：28，大客车①的驾驶员驾驶大客车以88km/h以上速度行驶至大桥时，在雨雪天气情况下车速过快，发现前方道路路障后采取措施不及，致大客车①与前方的小轿车①和小轿车②相撞，导致4人死亡，8人受伤，3车受损。之后，小轿车③的驾驶人驾驶小轿车③行驶至此，追尾大客车①，导致车辆受损。

3 第三起事故

4：34，在前车未在车后设置警告标志、未将乘客转移至安全地带的情况下，大客车②的驾驶员驾驶大客车②以83km/h的速度行驶至上述路段，与前方的大客车①相撞，导致包括大客车①上的乘车人7人和大客车②上的乘车人1人在内的共8人死亡，几辆车辆上共22人受伤，车辆受损。之后，小轿车④追尾大客车②，小轿车⑤追尾小轿车④，均造成车辆受损。

4 第四起事故

4：39，在前面车辆没有设置警告标志、未将乘客转移至安全地带的情况下，大客车③以超过90km/h的速度行驶至上述路段，先后与小轿车⑤、小轿车④追尾碰撞，并使小轿车④受挤压、碰撞大客车②的尾部，造成小轿车⑤上的乘车人2人死亡，几辆车辆上共15人受伤，车辆和公路设施受损。事故现场的示意图如图5-2所示。

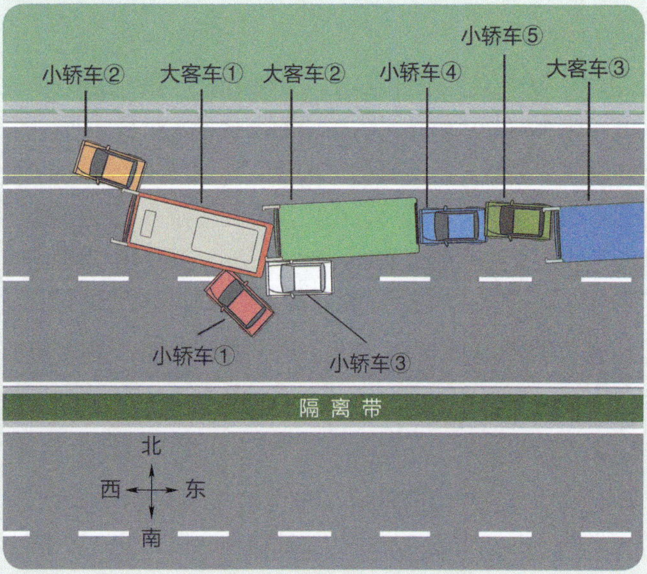

图5-2　事故现场的示意图

事故发生后，大客车③上的2名乘车人下车逃生，翻越桥梁中央隔离带护栏时意外坠桥死亡。

三 事故原因

事故责任认定结果如下。

第1起事故：小轿车①和小轿车②的驾驶人在夜间雨转雨夹雪、路面湿滑的情况下，操作不当，导致车辆分别与道路左右两侧桥墩剐蹭受损，并停于高速公路快车道和应急车道上，其违规操作是造成事故的主要原因。

第2起事故：大客车①的驾驶员在夜间雨转雨夹雪、路面湿滑的情况下，疲劳驾驶（夜间连续驾驶时间超过5h，超过2h的规定）、超速行驶（88km/h，超过了80km/h的限速），发现前方道路路障后采取措施不当，导致车辆与前面的小轿车①、小轿车②分别发生碰撞，违规驾驶是造成事故的主要原因；小轿车①和小轿车②的驾驶人在车辆发生交通事故后未按规定设置警告标志，未及时将车上人员转移到安全地带，应急处置不当是造成此事故的次要原因。

第3起事故：大客车②的驾驶员在夜间雨转雨夹雪、路面湿滑的情况下，疲劳驾驶（夜间连续驾驶5h）、超速行驶（83km/h），发现前方横停在道路中间的大客车①后采取措施不当，导致与前面停滞的车辆发生碰撞，违规驾驶是造成此事故的主要原因；大客车①的驾驶员和小轿车③的驾驶人驾车发生事故后，未按规定设置警告标志，且未将车上人员转移到道路安全地带，应急处置不当是造成此事故的次要原因。

第4起事故：大客车③的驾驶员在夜间雨雪天气、路面湿滑的情况下，疲劳驾驶（夜间连续驾驶时间超过2h）、超速行驶（行驶速度为90km/h），发现前方路面情况后采取措施不当，致车辆与前面停滞的车辆发生碰撞，违规驾驶是造成此事故的主要原因；大客车②的驾驶员、小轿车④的驾驶人和小轿车⑤的驾驶人在发生交通事故后未按规定设置警告标志，且未将车上人员转移到安全地带，应急处置不当是造成此事故的次要原因。

事故发生后，乘客下车逃生翻越桥梁中间隔离带护栏时坠落桥下，属于意外事件。

四 驾驶员行为探讨

本案例是一起连环碰撞事故，后果非常严重。驾驶员的“疲劳驾驶”“超速行驶”“措施不当”有以下的深层次原因：

（1）本案例中前3起事故的所有驾驶人员都缺少基本的安全意识，把高速公路当成自家的后院，事故发生后都无所顾忌地在高速公路内逗留，不在来车方向放置警示标志。《道路交通安全法》第68条规定：机动车在高速公路上发生故障时，应当依照本法第52条的有关规定办理；但是，警告标志应当设置在故障车来车方向150m以外，车上人员应当迅速转移到右侧路肩上或者应急车道内，并且迅速报警。《道路交通安全法实施条例》第60条规定：机动车在道路上发生故障或者发生交通事故，妨碍交通又难以移动的，应当按照规定开启危险报警闪光灯并在车后50~100m处设置警告标志，夜间还应当同时开启示廓灯和后位灯。这些规定已经说得很清楚了，但是这些驾驶员和乘客却无视法律规定，把自己的生命当儿戏，逗留在事故车内和现场，任由生命在不断的撞击中逝去。

（2）不断撞上去的车辆驾驶人员不顾天气恶劣、能见度很低的自然条件，仿佛整个高速公路上只有自己的车辆在行驶，自以为高速公路上畅通无阻、一切风险都在自己的掌控之中，在高速公路上冒险飙车，把自己和乘客的生命置于极度危险的境地。

在连环碰撞的8辆车中，3辆大客车的速度分别是83km/h、88km/h、90km/h，小轿车的速度应该也不低。《道路交通安全法实施条例》第81条规定：机动车在高速公路上行驶，遇有雾、雨、雪、沙尘、冰雹等低能见度气象条件时，应当遵守下列规定：（一）能见度小于200m时，开启雾灯、近光灯、示廓灯和前后位灯，车速不得超过60km/h，与同车道前车保持100m以上的距离；（二）能见度小于100m时，开启雾灯、近光灯、示廓灯、前后位灯和危险报警闪光灯，车速不得超过40km/h，与同车道前车保持50m以上的距离；（三）能见度小于50m时，开启雾灯、近光灯、示廓灯、前后位灯和危险报警闪光灯，车速不得超过20km/h，并从最近的出口尽快驶离高速公路。根据这条规定，假如事故发生时的能见度为100m，安全车速应该控制在40km/h以下。但是本案例中的所有大客车驾驶员都以80km/h以上的速度飙车，超速100%以上，这种行为无异于自杀。

（3）在冬季以及昼夜温差大的高寒区域的高速公路上，同一路段的地表温度是不相同的。特别是高架桥，由于桥下面是空的，不能保温，稍有露水或轻雾，桥面就会结冰，而其他路面上则不会发生这种情况。结冰的桥面与其他路段上没有结冰的路面从颜色上很难区别，因此这种结冰的桥面具有隐蔽性强、危险性大、极易引发事故的特征。驾驶员如果对这一特征没有清醒的认识，极易“中招”。

本案例中的高架桥是正东西走向，桥高16.3m，北风呼啸穿桥而过，桥面极易结冰，而其他路段上却还没有结冰，第一起事故的驾驶员可能就是“中招”了。一旦“中招”就容易控制不住车辆，导致第1起事故发生。

2015年1月16日17：53左右，荣乌高速山东莱州饮马池大桥发生了一起4车连环碰撞的事故，事故中一辆油罐车发生汽油泄漏引起爆炸，事故导致12人死亡。事故发生前，当地一场小雪刚刚停下，桥面有些湿滑结冰，天色也暗下来（图5-3）。先是一台“五菱”牌微型客车驶上桥面后“中招”，侧滑失控，随后一辆油罐车、一辆大客车相继撞上。油罐车运送的汽油泄漏，就在油罐车押运员下车关闭紧急切断阀时，一辆越野车撞上来，导致泄漏的汽油爆燃。

图5-3　饮马池大桥桥面现场图

所以，驾驶员在冬季以及昼夜温差大、雨雪交替、正在下雪或刚停止下雪的情况下，不管是在高速公路还是在普通公路，驶上桥面之前要有意识地减速，以防“中招”。

（4）道路交通安全是一种学问、一门科学，少了科学的认识，自然会带上很多主观主义色彩。例如，有的驾驶人认为“感觉到有危险，才算有危险，没有感觉到危险，就没有危险”，这是不正确的。不能科学地认识危险、判断危险，自然就难以避免危险。有的驾驶人认为“安全行车就是‘提前处理情况’”。这没有错，但“提前”到什么程度，“提前”处理什么情况并不明确，故缺少了科学性。当在“非安全距离”发现危险情况时，一切就都来不及了（图5-4）。

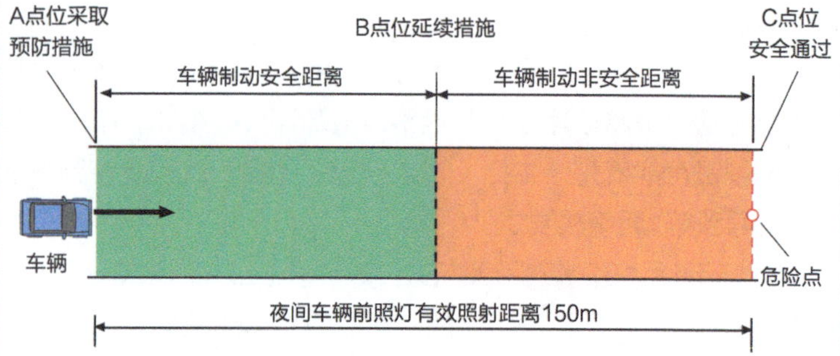

图5-4　通过危险点时的正确措施示意图

实验表明：

（1）当车辆速度为80km/h（22.22m/s）时：干燥路面的制动安全距离约50m，非安全距离约100m；湿滑路面的制动安全距离约100m，非安全距离约50m。

（2）当车辆速度为60km/h（16.66m/s）时：干燥路面的制动安全距离约30m，非安全距离约120m；湿滑路面的制动安全距离约60m，非安全距离约90m。

凭感觉判断危险会直接导致对危险的认识错误，对具体通行规定变得麻木，对警告标志视而不见，从而导致以下后果：“架空”《道路交通安全法》第1条的“预防”原则；“架空”

《道路交通安全法》“预防”原则主导下的具体通行规定；“架空”“‘安全距离’采取预防措施、‘非安全距离’延续‘安全距离’所采取的预防措施”这一道路安全行车基本规则，进而导致事故的发生。

根据本案例的实际情况来分析，从第一起事故现场这一阻断交通的危险地点，向来车方向延长150m处，我们会清楚地看到A、B、C 3个点位，分别位于制动安全距离的起点、制动安全距离与制动非安全距离连接处和危险点位。如果后面6辆车的车速不超过60km/h（16.66m/s），那么安全距离约为60m。即使驾驶员在B点位才发现前方的危险点，也有约90m的距离、约6s的时间可以采取紧急措施。可是，后面6辆车的速度都较快，部分甚至超过了80km/h，高车速挤占了能够采取预防措施的时间和空间。当驾驶人在B点位发现前方道路因交通事故被阻断时，距离危险点就只剩下不足50m，想采取措施显然已来不及，危险在所难免。

长期安全行车的驾驶员，一定是在认真观察周边路面情况的基础上，及早发现前方的危险点，按照“采取预防措施—延续措施—通过危险点—发现危险点—采取预防措施—延续措施—通过危险点”的反复循环过程来完成行车全程的。

案例六

驾驶“带病”大客车追魂夺命

事故当天15时许，4辆大客车从森林公园出发返回市区，其中事故大客车排在最后。15：27，当该车行驶至事故路段的左转弯处时，车辆失控，从道路右侧冲出路面，越过道路外侧绿化带并向右侧翻滚，滑下高32m的山崖，车头右前侧撞击地面，造成35人死亡、11人受伤、车辆损毁、直接经济损失2300余万元的特别重大道路交通事故。事故大客车如图6-1所示。

图6-1　摔下山崖的大客车

一　事故基本情况

1 驾驶员

持有有效的准驾车型A1、A2的驾驶证、道路运输资格证，事故发生前23天起受雇于车主。

2 车辆

（1）发生事故的大客车为一辆即将报废的车辆，距离强制报废只有7个月，属于“营改非”车辆，无道路客运资质，事发时为非法营运。

（2）事故发生前1年，车主花2.8万元购得该车，私自为该车更换了发动机总成。

为确保车辆通过年检，在事故发生前10天，车主找到一个“车托”让其代为办理车辆检验手续，并支付了500元费用。

事故车辆在车检公司进行了机动车安全技术性能检验并获得检验合格证明。

检验过程中，外检员在发动机等必检项目上漏检、少检，未发现事故车辆发动机号与注册登记信息不一致的问题，且第一次驻车制动检验不合格，第二次复检时引车员与车主、“车托”弄虚作假，采取拔掉尾灯线踩制动踏板的方式通过驻车制动检验。

3 道路

事故路段为县道三级公路，全长33.96km，设计速度30km/h，局部路段为四级公路，设计速度20 km/h。

事故现场位于公路1km+450m处，该路段弯道半径为20.0m，纵坡度2.68%，路拱合成坡度5.25%，沥青路面，有效路面宽度9.0m，中央施划有黄色单实线。

在3km+250m处设有“限速40公里”的禁令标志和“向右急转弯”“起伏路面”2块警告标志。

按照2007年改建工程设计文件，1km+365m至1km+460m应设置钢筋混凝土城垛式防撞墙，但施工时未实施，也未通过规定程序进行设计变更。

4 环境

天气晴好。

二 事故经过

事故发生前1天，事故车辆受雇于旅行社拉客前往旅游地森林公园，费用为1900元包租两天。事故发生当天15时许，4辆大客车从森林公园出发返回，其中事故车辆大客车排在最后一辆。15：27，当该车行驶至事故路段路1km+450m下坡左转弯处时，车辆失控，从道路右侧冲出路面，越过路外侧绿化带并向右侧翻滑下高32m的山崖，车头右前侧撞击地面，造成35人死亡、11人受伤。

三 事故原因

事故大客车驾驶员驾驶制动系统有严重问题的大客车，行经向下陡坡、连续急弯路段时，因制动力不足造成车速过快，行至发生事故的急弯路段时达到59 km/h，在离心力作用下出现侧滑，失控冲出路面，翻坠至崖下。

四 驾驶员行为探讨

（1）《道路交通安全法》第21条规定：驾驶人驾驶机动车上道路行驶前，应当对机动车的安全技术性能进行认真检查；不得驾驶安全设施不全或者机件不符合技术标准等具有安全隐患的机动车。根据此规定，车辆驾驶员在出车之前，要对车辆进行安全技术性能的检查。本案例中的驾驶员不仅没有进行安全检查，反而还和车主一起伙同“车托”、检验公司的引车员采取拔掉尾灯线踩制动踏板的方式让带病的车通过驻车制动检验。驾驶员不仅不顾自己的生命安全，还把乘客的生命置于极其危险的境地，这是严重的违法行为。驾驶这样一辆存在重大安全隐患的大客车投入营运，“追魂夺命”也就在所难免了。

（2）事故大客车的制动系统存在严重问题，驾驶员应该可以感觉到，进入下坡路段时制动能力在下降，大客车也是速度逐渐加快最终失控的。如果驾驶员在初期能够果断地采取向左“撞山”减速的措施，局面就有可能改变，大客车有可能不会掉下山崖，事故的损失也会小很多（图6-2）。

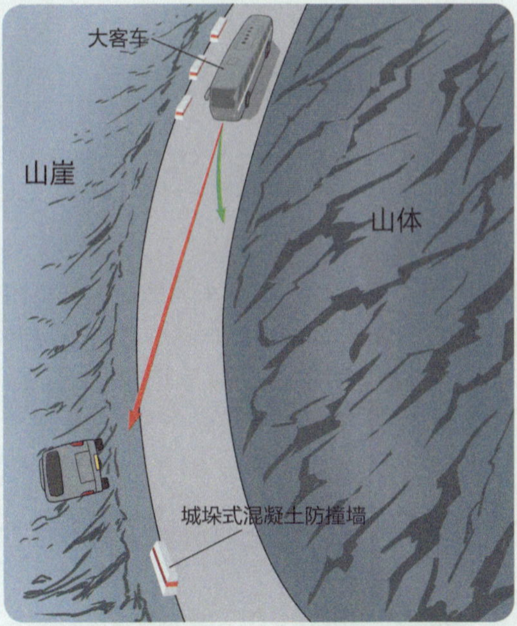

图6-2　驾驶员临危处置示意图

（3）事故发生前10天，大客车在车检公司进行了机动车安全技术性能检验并获得检验合格证明。检验过程中，引车员违规操作，与车主、“车托”弄虚作假，采取拔掉尾灯线踩制动踏板的方式通过驻车制动检验，这种胆大妄为的违法行为视生命如儿戏。这一关键事件是事故发生时候制动系统失灵的重要原因，也是事故发生的直接原因。大客车驾驶员明知大客车制动系统存在严重的安全隐患，还抱着侥幸的心理出车，这是对自己、对家人、对乘客、对社会极不负责的违法行为。

案例七

冒险抢道车毁人亡

事故发生当天 20：32，小客车驾驶员驾驶小客车为避免驶入路面前方的坑槽而向左驶入对向车道，与对向行驶的大货车正面相撞，造成小客车上10人当场死亡、2人受伤、2车受损、经济损失635万元的重大道路交通事故。事故小客车如图7-1所示。

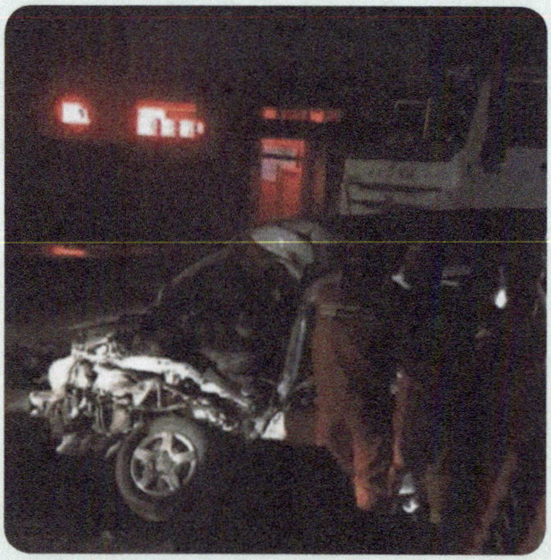

图7-1　事故中的小客车

一　事故基本情况

1 驾驶员

小客车、大货车驾驶员均持有合格的、符合准驾车型的驾驶证。

2 车辆

小客车、大货车均有合格的行驶证，小客车核载 7 人，实载 12 人。

3 道路

事发路段路面宽12m，双向两车道，是机非混合道路。路面为沥青结构，平直干燥，限速60km/h。

4 环境

1）坑槽

事故路段有一个坑槽，坑槽出现于事故发生之前10天，经过往车辆不断碾压逐渐扩大。

事故发生之前3天，路政管理单位收到“12345”热线办理单，指出事故路段因道路修复，导致路面有一个大坑（经查该坑槽为事故坑槽），没有警示标识和围挡设施，造成安全隐患，要求设立围挡设施。

事故发生前1天，路政管理单位通过微信向市政配套有限公司设施管理部发送举报投诉办理单，至事故发生时，市政配套公司未采取任何措施。

坑槽南北长4.0m、东西宽3.7m、最深处深0.36m，形状不规则。坑槽东边沿距事故路段东边沿1.8m，紧靠此坑槽北侧有一个南北长10.4m、东西宽3.7m的土堆，最高处高0.3m（图7-2）。

2）路灯

事故路段原有新农村自建路灯26 盏，其中道路西侧 8 盏，道路东侧18盏，均安装于沿途电线杆上，路灯之间的间距不固定，事发时路灯均未点亮。经查，事故路段路灯因欠缴电费和线路问题，自事故发生之前8个月起一直未点亮。

3）天气

事故当天天气为阴天。

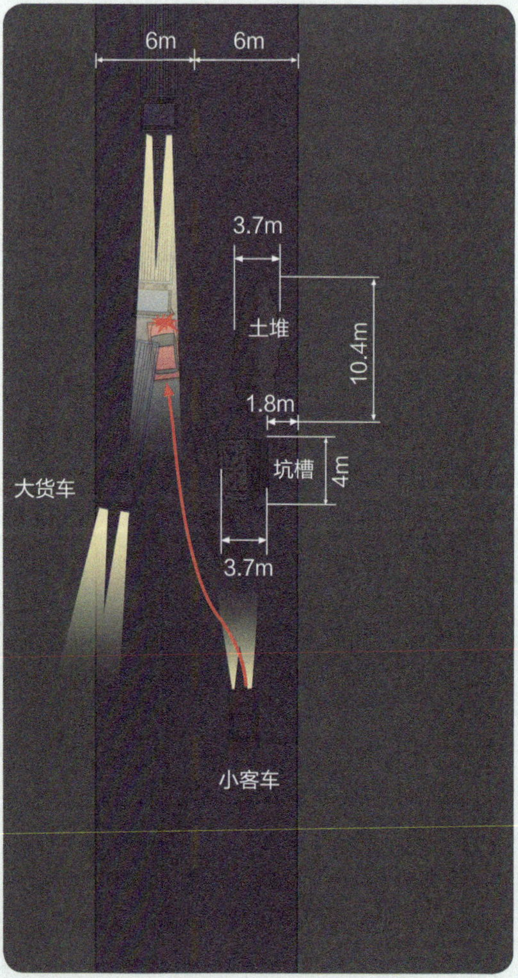

图7-2　事故示意图

二 事故经过

事故发生当日 20：32，小客车驾驶员驾驶小客车由南向北行驶至事故路段，遇坑槽向左避让，驶入对向车道，与对向行驶的大货车正面相撞，造成小客车上9人当场死亡，1人经抢救无效死亡，2人受伤，2车受损。

经事故现场测量，事故小客车在发生事故后尾部处于坑槽南端，头南尾北停放，右前、后轮分别距道路西边沿 7.1 m、7.7 m；事故大货车，头南尾北停放，右前轮、右后轮分别距道路西边沿 3.1m、3.4 m，右后轮制动痕迹起点距道路西边沿 4.3 m，长 9.2 m，左后轮制动痕迹起点距道路西边沿6.4m，长13.3m。

三 事故原因

（1）小客车驾驶员驾驶车辆行驶至坑槽障碍处，处置不当，驶入对向车道，是导致事故发生的主要原因，其违法超员行为（超员70%）加重了事故后果。

（2）大货车（混凝土搅拌运输车）的驾驶员非法加装 LED 前照灯，夜间行驶会车时违规使用远光灯，影响对向车辆行车安全；货车制动系统不符合规定（经鉴定，该车制动系统第三轴右轮铆钉突出），导致遇危险情况时制动距离延长。

另经技术鉴定，排除了驾驶人身体疾病、酒驾、毒驾以及驾驶过程中接打电话、上网等因素导致事故发生的可能性。

四 驾驶员行为探讨

小客车驾驶员发现“坑槽”时，已经处于临危点位，此时有两个选择（图7-3）。

（1）为了避免自己的车辆掉入坑槽，采取向左变道、冒险抢道驶入对向车道的操作。当小客车处于临危点位的时候，驾驶员发现了前面的坑槽，应该也可以看到对向车道有来车（因为大货车开启了LED前照灯）。此时小客车驾驶员在避免掉进坑槽的想法的作用下，对对向大货车的速度和距离以及大货车驾驶员的意图做出了误判，以为大货车驾驶员会减速甚至停车让自己先过去。小客车驾驶员企图抢在大货车之前绕过坑槽后马上回到自己的车道，殊不知坑槽后面还有超过10m的土堆阻挡，无法实现回到自己车道的意图，更不知大货车的制动性能不足，也没有时间和空间采取措施避让自己。其结果是以高车速撞上大货车，碰撞之猛烈导致车毁人亡，不仅丢掉了自己的性命，还让9名乘客当场死亡。

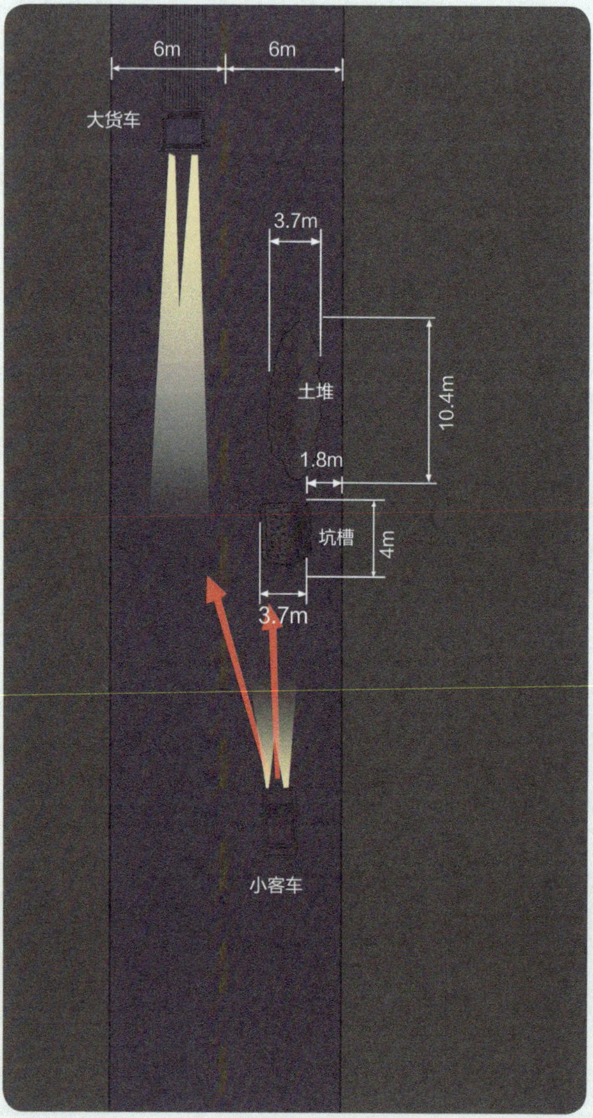

图7-3　临危处置示意图

（2）驾驶员采取紧急制动措施，这样操作可能不会有人员死亡。小客车驾驶员在临危点位，发现前面的坑槽，如果采取紧急制动的措施，小客车将减速并继续保持直线行驶，最乐观的结果是小客车在坑槽边缘停住了，车无损，人或许有轻伤，有惊无险；最坏的结果是小客车以较低的速度（因为采取了紧急制动措施）完全掉进坑槽，车会遭到损坏但不至于彻底损毁，驾驶员和乘客可能会受重伤但不会死亡。

案例八

连续弯道路段强行超车冲下山崖

事故发生当天约 15：00，大型客车从县城驶往乡镇途中，在事故路段（连续弯道）超车时，与对向车道行驶的小型客车发生剐蹭，冲出路侧坠崖，造成 11 人死亡、18 人受伤、车辆损毁、直接经济损失550万元的重大道路交通事故。事故大客车如图8-1所示。

图8-1　坠崖的大客车

一　事故基本情况

1 驾驶员

大客车驾驶员持有效的准驾车型为A1、A2的驾驶证，小型客车驾驶员持有效准驾车型为C1的驾驶证。

2 车辆

大客车和小型客车均有有效行驶证、营运资格证。大客车核载30人，实载30人。

3 道路

事发路段呈东西走向，属四级公路，省道。该路段为沥青路面，道路全宽7.75m。事故现场路段为连续S形弯道，事故地点坡度为9.09%，一侧临崖，一侧靠山。

临崖一侧设有两段混凝土防撞墙，两段防撞墙之间有52m缺口为不规则土坎，高35cm至130cm不等，客车在此段缺口处冲出公路坠崖。

翻坠山崖高82.5m，坡度72.3° 。

4 环境

事故发生时天气晴好，路面干燥。有一辆重型货车与大客车同向行驶。

二 事故经过

事故发生前，大客车驾驶室内的视频监控录下了一段长约1min的无声视频：画面中，大客车驾驶员一边开车一边和周围人聊天，遇到弯道前有同向行驶的重型货车挡路，驾驶员选择弯道超车，却不料与一辆微型客车发生剐蹭，驾驶员一下慌了神，猛转转向盘，然后大客车突然停住了，驾驶员和前排的乘客都伸出头朝窗外看了看，此时大家神情平静，可稍后，驾驶员和前排乘客一下子扑到摄像头前，视频画面到此终止。

事故调查显示，大客车行驶在长上坡、弯道上强行超越一辆同向行驶的重型货车。在超车过程中，驾驶员发现对向车道有一辆小型客车。由于躲闪不及与小型客车发生剐蹭，冲上公路右侧土坎。大客车停住时车身一半已悬在空中，20s后车身失去平衡，整个车掉入高度超过80m的悬崖，11条生命消逝，18人受伤，车辆损毁（图8-2）。

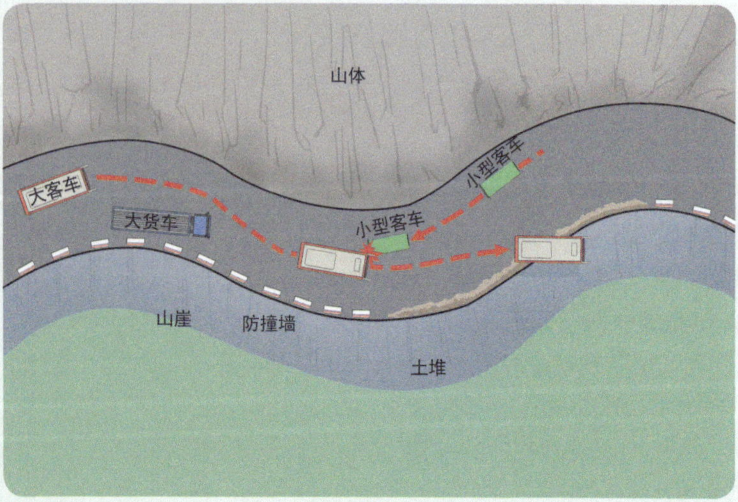

图8-2　事故示意图

三　事故原因

（1）驾驶员在连续弯道强行超车。《道路交通安全法实施条例》第73条规定：行经繁华路段、交叉路口、铁路道口、人行横道、 急弯路、宽度不足4m的窄路或者窄桥、陡坡、隧道或者容易发生危险的路段，不得超车。而本案例中大客车驾驶员漠视法律规定，在连续弯道强行超车，发生事故是咎由自取。

（2）驾驶员在行驶途中注意力不集中。驾驶员在事故发生前与乘务员聊天，分散了驾驶时的注意力，缩短了发现前车后可用的制动时间。

（3）事故路段的安全防护措施不符合标准。调查显示，在设计图纸上，该段为防撞墙的设施，公路管理部门仅考虑方便处理事故路段左侧山崖滑坡体土石方，将该路段原设计的部分防撞墙变更为土坎，致使该路段的安全防护能力下降。

四 驾驶员行为探讨

（1）本案例中的大客车驾驶员在临危点位（图8-3），发现对向行驶的小型客车的时候，驾驶员有两个措施可以选择。

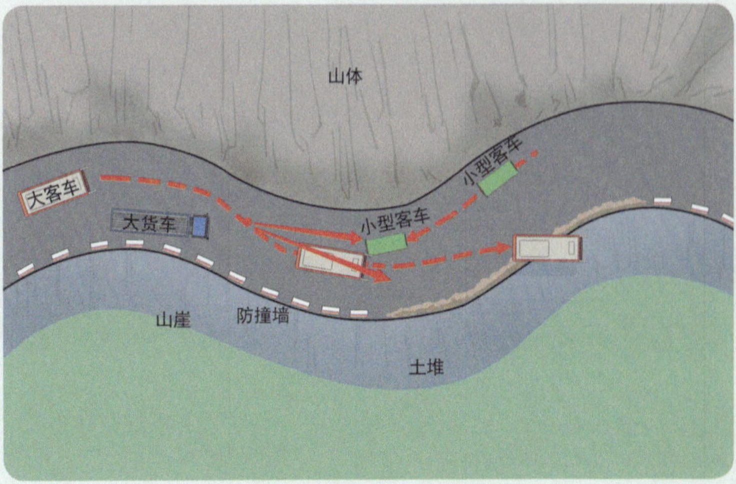

图8-3 临危处置探讨示意图

第一个选择是向右猛转转向盘，以避免与小型客车发生碰撞。案例中这个操作的结果是大客车冲出公路掉下山崖。如果公路设置了防撞墙，大客车不会掉下山崖，但是也会被防撞墙挡在行车道上，随后驶来的重型货车很难制动停下来，有可能撞击碾压大客车，后果同样是车毁人亡。

第二个选择是紧急制动，同时保持车辆的行驶方向，不转动转向盘。其结果是与小型客车几乎是正面碰撞，一样可能会造成重大伤亡。而且，两车碰撞以后会停在路面中间，随后驶来的重型货车同样很难制动停下来，可能会与大客车、小型客车发生连环碰撞，后果也是车毁人亡。

（2）本案例中，由于大客车驾驶员冒险违法在连续弯道强行超车，将大客车、小型客车、重型货车置于巨大的风险中。这个时候驾驶员采取的任何措施都是条件反射、下意识的操作，难以避免事故的发生。

道路运输是一个高风险行业，那些喜欢冒险、容易冲动、逞强好胜、喜好表现、不讲规矩、喜欢“侃大山”的驾驶员尤其要从本案例中吸取深刻的教训，养成守法驾驶的良好习惯，千万不要将自己和乘客的生命置于危险的境地。

案例九

卧铺客车非法载运危险品“灰飞烟灭”

事故发生当天3：43，一辆卧铺客车在高速公路行驶途中发生燃烧事故，造成41人死亡、6人受伤、直接经济损失2342.06万元的特别重大道路交通事故。事故大客车如图9-1所示。

图9-1　发生燃烧事故的大客车

一 事故基本情况

1 驾驶员

事故车辆2名驾驶员均持有有效的准驾车型为A1、A2的机动车驾驶证、道路旅客运输从业资格证书。

2 车辆

事故车辆为大型卧铺客车，核载35人，发生事故时实载47

人，超载12人。

事故车辆的手续、证照齐全，均在有效期内。

3 道路

事故路段为南北方向双向4车道高速公路，东西两侧依次为高速公路护坡、排水沟和树林，道路中央和两侧均设有波形防护栏。事故路段路面平直，东西半幅路均有一条应急车道。该路段行车道宽3.8m，应急车道宽3m，道路中间为2.9m宽的绿化隔离带。

4 环境

事故当天处于夏季，气温较高，天气晴好。路面无其他车辆通行。夜间无照明，路面干燥。

二 事故经过

事故发生前16天，甲公司与乙公司签订了总重2t的偶氮二异庚腈（危险货物运输编号UN 2953）销售协议，按照合同约定，货物必须用专用冷藏车运送。事故发生前11天，甲公司已用冷藏车向乙公司运送了总重为1t的第一批货。

事故发生前1天10：17，事故客车管理人员安排工人将10箱偶氮二异庚腈装至事故客车行李舱内。后因上车乘客在客车行李舱内托运一批海鲜，担心海鲜箱内的冰块解冻致货物受潮，管理人员和驾驶员就把已经装在行李舱中的10箱偶氮二异庚腈搬至客车舱右后部卫生间内。该卫生间水箱已坏、无法使用，在装入10箱偶氮二异庚腈后，卫生间门处于锁闭状态。

当日16：00左右，甲公司又派人将另外5箱偶氮二异庚腈从公司仓库提出，驾驶微型货车将货物运送至高速路上。17：40，事故客车行驶到此地，驾驶员将5箱偶氮二异庚腈从微型货车上转到客车上，存放在客车舱右后部卫生间外侧旁。

事故当天凌晨3：10，事故客车在服务区停车，更换驾驶员。3：43，事故客车在正常行驶途中突然发生爆燃，客车继续前行145m，与道路中央隔离护栏剐蹭碰撞后停车，共造成41人死亡、6人受伤，客车严重烧毁，直接经济损失2342.06万元。

三 事故原因

大型卧铺客车违规运输15箱共300kg危险化学品偶氮二异庚腈并堆放在客车舱后部，偶氮二异庚腈在挤压、摩擦、发动机放热等综合因素作用下受热分解并发生爆燃。

四 驾驶员（相关人员）行为探讨

1 甲公司的业务员违规托运危险品

危险化学品因其自身的化学成分和物质特性存在着极强的危险性，对其进行储存、运输也要有特殊的方式，否则极易因危险化学品泄漏、爆炸、燃烧导致人民群众的生命和财产受到损失。对此，《危险化学品安全管理条例》第38条规定：通过公路运输危险化学品的，托运人只能委托有危险化学品运输资质的运输企业承运。第41条规定：托运人托运危险化学品，应当向承运人说明运输的危险化学品的品名、数量、危害、应急措施等情况。

本案例中，甲公司的业务员在明知偶氮二异庚腈属于易燃、易爆、有毒危险化学品的情况下，通过公路营运客车托运没有危险品标识且运输条件不符合标准的偶氮二异庚腈，违反了《危险化学品安全管理条例》的有关规定。

2 驾驶员违规承运危险品

本案例中还有一个关键的人物——卧铺客车的驾驶员。驾驶员应该知道客运站有“三不进站”的规定，其中重要的一个内容就是“危险品不进站”。可是，在经济利益的诱惑下，本应制止乘客携带危险品上车的驾驶员却自己放任大量的危险品被放在车上，将危险品装在车厢内部，进而导致运输过程中，偶氮二异庚腈在堆放挤压、摩擦、发动机放热等因素综合作用下受热分解，发生爆燃。

3 驾驶员在高速公路违法停车下客

本案例中的驾驶员在高速公路上装卸危险品，是一种极其危险的作业活动。危险品装卸作业本身就有极大的风险。在本案例发生前18天，在另外一条高速公路上，一辆实载54人（含2名幼儿，核载55人）的大客车在高速公路上违法停车下客，且车身左侧占用部分行车道（宽约0.5m），被后方驶来的重型半挂牵引车追尾撞击，导致两车冲出高速公路护栏、翻入边沟并起火燃烧，造成26人死亡、29人受伤。

高速公路是专供汽车分向、分道高速行驶，并全部控制出入的公路，具有全封闭、全立交、行驶速度高等特点。其中，车速高是最显著的特点，也是高速公路与其他道路的根本区别。在高速公路的车道上随意停车，容易让后方车辆来不及避让，极易引发重特大道路交通事故，是交通违法行为。而客运车辆在高速公路随意上下乘客，使高速公路上的行人增多，给交通安全带来更大隐患。

案例十

超车时过早驶回原车道祸害他人

事故当天15：45许，一辆小轿车超越一辆大客车，两车发生轻微碰撞后，大客车侧翻，压在高速公路护栏上，护栏贯穿大客车，造成35人死亡、19人受伤、直接经济损失3447.15万元的特别重大道路交通事故。事故中遇难人员的遗体如图10-1所示。

图10-1　事故中遇难人员的遗体

一　事故基本情况

1 驾驶员

大客车驾驶员、小轿车驾驶人均持有符合准驾车型要求的有效的驾驶证。

2 车辆

大客车和小轿车均具有有效行驶证及相关证件。

3 道路

高速公路。

4 环境

事故发生时天气晴好，路面干燥，没有其他车辆通行。

二 事故经过

小轿车驾驶人驾驶小轿车在高速公路超越大客车，在超车过程中两次左右调整方向，两车横向距离较近。在未完成超车的情况下，小轿车驾驶员驾驶小轿车驶回原车道。

大客车驾驶员采取向右转动转向盘的避让措施，但大客车车身左前部仍然与小轿车右后部发生剐蹭撞击。两车撞击后，大客车向右倾覆，压在护栏上滑行62m。

此后，在大客车惯性的作用下，护栏未被压弯的部分从大客车右前方贯穿车窗插入车内。大客车在右上部被护栏贯穿的情况下继续滑行约80m，护栏在车内对大客车乘车人造成切割和撞击伤害，致使35人死亡，19人受伤。小轿车右侧后部轻微撞击，车向左转掉头，停在超车道，人车无损。

三 事故原因分析

（1）小轿车驾驶人在驾驶小轿车超越大客车时，两次左右调整方向，在没有与大客车拉开必要的安全距离的时候就驶回原车道，这种违法行为是造成事故的主要原因。《道路交通安全法实施条例》第44条规定：在道路同方向划有2条以上机动车道的，变更车道的机动车不得影响相关车道内行驶的机动车的正常行驶。《道路交通安全法实施条例》第47条规定：后车应当在确认有充足的安全距离后，从前车的左侧超越，在与被超车辆拉开必要的安全距离后，开启右转向灯，驶回原车道。

（2）大客车驾驶员在面对突然靠过来的小轿车时，惊慌失措，临危处置不当，导致大客车侧翻。

四 驾驶员行为探讨

1 小轿车驾驶人

小轿车驾驶人在没有与被超车的大客车拉开安全距离的情况下驶回原车道，形成了危险的局面。那么，究竟要拉开多大的距离才能保证安全，且不会影响相关车道内其他机动车的正常行驶呢？显然，这个法定的“安全距离”与车辆类型、车速、驾驶员技术水平、路面状况、风雪雨雾都有关系，很难用一个固定的标准界定。如果驾驶员不能很好地把握这个“安全距离”，会极易导致被超车的车辆没有时间和空间采取措施避免碰撞事故的发生，甚至可能引发重特大事故。本事故就是一个典型案例，小轿车驾驶人的一个看似不起眼的违法行为，祸害了 36 条宝贵的生命。

既然“安全距离”很难定量界定，那么我们就没有别的办法去把握安全距离了吗？答案是否定的。正确的操作方法应该是：超车车辆的驾驶员能从后视镜中看到后车完整的前部时（图10-2），就可以开启右转向灯，驶回原车道；从服务区加速车道、高速公路入口闸道驶入正常车道的车辆的驾驶员从后视镜中看到正常车道上后车的完整前部时，就可以开启左转向灯，驶入正常车道。如果没有完全看到后车的前部，要么就加速直至完全看到后车的前部再变道，要么就先让后车驶过，等待安全时机再变道。这是一个简单易行、安全可靠的操作方法。

2 大客车驾驶员

当小轿车驶回原车道时，已经构成了两车即将碰撞的危险局面，车祸已经不可避免。此时，大客车驾驶员有3种措施可以选择。

图10-2　超车时从反光镜中看到后车前部的示意图

（1）大客车驾驶员为了避免与小轿车发生碰撞，下意识（或者条件反射）地选择了让道，采取了向右猛转转向盘的措施，试图避开小轿车（见图10-3中的红色箭头）。结果不仅导致大客车与小轿车发生了碰撞，而且付出了大客车侧翻、36人死亡、19人受伤的惨痛代价，这种操作是不恰当的。

（2）大客车驾驶员为了避免与小轿车发生碰撞采取紧急制动措施。两车在超车过程中，速度都在100km/h以上，在湿滑的路段上高速行驶状态下紧急制动，也可能会造成大客车翻车和乘客重大伤亡，也是不可取的操作。

（3）大客车驾驶员为了全车乘客的生命安全，冷静地采取“不让道”、不断踩抬制动踏板、稳住方向的措施（见图10-3中的蓝色箭头），可能会与小轿车相撞。小轿车可能会受到非常严重的撞击，甚至有可能车毁人亡，但是，大客车侧翻的可能性极小，大客车上面53名乘客的生命安全将得到最大的保护，孰轻孰重一目了然。

广大客货运车辆的驾驶员要从本案例中吸取的教训是：当碰撞已经无法避免的时候，一定要把所有人的生命安全摆在第一位，冷静果断地采取“避重就轻”的措施，避免重特大事故的发生。

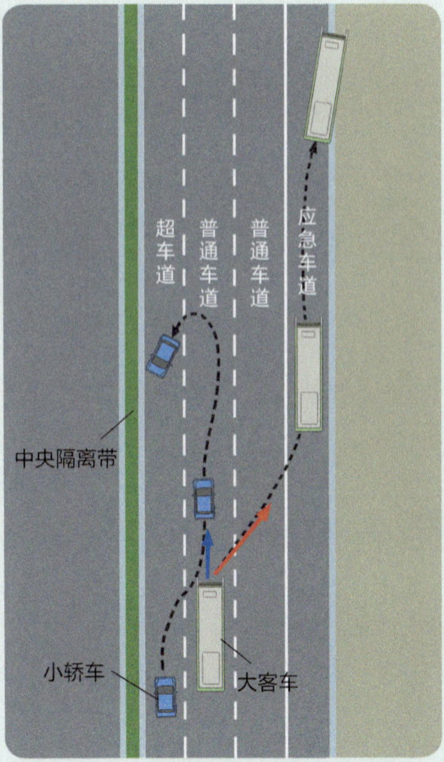

图 10-3　大客车驾驶员行为探讨示意图